GUERRE D'ORIENT

DE LA

COOPÉRATION

NÉCESSAIRE

DES PUISSANCES NEUTRES

Par Adrien FELINE

PARIS

LIBRAIRIE CHARPENTIER,

PALAIS-ROYAL, GALERIE D'ORLÉANS.

1854

GUERRE D'ORIENT

DE LA COOPÉRATION

NÉCESSAIRE

DES PUISSANCES NEUTRES

Il y a vingt-cinq ans, lorsqu'en 1828 et 1829 la Russie attaquait la Turquie, et avant qu'elle lui eût imposé le traité d'Andrinople, je m'efforçais déjà d'éclairer l'opinion publique, aveuglée par sa passion pour les Grecs, et de montrer que la possession de Constantinople et des détroits dans les mains d'une puissance complètement indépendante pouvait seule assurer l'existence de l'Europe.

Ce fait est enfin reconnu. Le Monde a ouvert les yeux sur les dangers dont l'ambition moscovite le menace ; et la correspondance de sir H. Seymour ne peut laisser aux plus incrédules le moindre doute sur les intentions du czar. Aussi la France et l'Angleterre ont senti qu'il fallait arrêter ce terrible envahisseur, ou accepter sa suprématie, sa domination, et bientôt après leur ruine. La guerre est donc résolue. D'un côté, la Russie, de l'autre, trois grandes puissances : car la Turquie, que l'on disait n'être plus qu'un *cadavre*, se relève et montre autant de force et de vitalité que pourrait le faire tout autre voisin du czar ; mais les avantages que tire la Russie de son immense population, de son organisation intérieure et de sa position géographique sont tels, qu'encore bien que nous ne doutions pas du succès, ce succès peut être long et coûteux à obtenir.

Il est donc tout simple que l'on se demande quel parti prendront l'Autriche et la Prusse, si ces puissances seront amies, ennemies ou neutres. C'est sur cette question des neutralités que je voudrais essayer d'éclairer l'opinion publique, qui ne me semble pas se bien rendre compte de la situation, être trop impatiente d'un côté, trop indifférente de l'autre.

Le premier point qu'il est nécessaire de traiter, c'est celui des puissances de second et de troisième ordre. C'est à tort qu'on les laisse dans l'oubli, car elles comptent en Europe 50 millions de sujets. Elles peuvent par conséquent apporter un poids considérable dans la balance ; elles le peuvent d'autant plus qu'il en est qui ont une grande importance en raison de leur position géographique. Richelieu et Napoléon Ier avaient précisément pour politique de s'appuyer sur les petites puissances, ils ne négligeaient aucune alliance, aucun contingent. Pourquoi donc nos diplomates ont-ils depuis quarante années mis en oubli ces exemples salutaires ?

La cause en est dans la faute grossière commise en 1815 au congrès de Vienne. Là on fit d'abord un partage auquel assistaient toutes les parties belligérantes, mais dans lequel les grandes puissances firent la loi, loi bien mauvaise pour l'Allemagne, car on y a organisé les rivalités et l'anarchie au profit de la Russie.

Mais ce qui fut le comble d'habileté de la politique russe, ce fut le traité de la Sainte-Alliance, cette grande coalition des rois contre les peuples, où la Russie devait présider et jouer le premier rôle. Ce fut la Sainte-Alliance qui condamna les souverains de second rang à une nullité contraire à leur dignité et les mit en tutelle en dehors du concert européen.

Depuis quarante ans on discute, on décide, sans leur concours, et on semble vouloir compenser, par la faculté qu'on leur garantit d'octroyer et de retirer à volonté des constitutions, la déconsidération qui résulte de cette position.

C'est depuis cette époque que les diplomates, peut-être par paresse, et que l'opinion publique à leur exemple, tiennent trop peu de compte des puissances secondaires.

Les hommes d'état n'ont pourtant pas été long-temps avant de reconnaître les fautes commises au congrès de Vienne, et Canning dès 1823 rompit ouvertement avec la Sainte-Alliance. La France, par la révolution de 1830, se trouva également en dehors de cette coalition, qui depuis cette époque semblait réduite à une alliance tacite entre les trois états orientaux de l'Europe. La France et l'Angleterre firent même plus, elles s'adressèrent aux puissances secondaires, et, s'unissant à l'Espagne et au Portugal, elles opposèrent le traité de la quadruple alliance à l'alliance du Nord. Pourquoi donc abandonner ces derniers errements? Pourquoi ne pas réclamer le concours de toutes les puissances dans une question où toutes les puissances ont un même intérêt?

Si nous envisageons la question au point de vue général et pour ainsi dire moral, il nous sera facile de démontrer qu'il est de l'intérêt des nations, et surtout des gouvernements, d'apporter leurs efforts, leurs sacrifices et leur contingent dans la défense commune.

On conçoit que, pendant long-temps, alors que les diplomates et certains publicistes espéraient le maintien de la paix, ils n'aient pas voulu enflammer les esprits. Mais aujourd'hui que la guerre est déclarée, il faut lui rendre son caractère véritable. Il faut que toutes les nations sachent bien que ce n'est pas pour nous une question particulière, une guerre d'amour-propre ni de conquête ; que c'est pour l'Europe entière une guerre défensive, d'où dépend son salut. C'est pour elle, c'est pour le salut commun, que combattent la Turquie, la France et l'Angleterre. Tout souverain qui tient à son pouvoir ou à sa dignité, tout peuple qui tient à ses libertés, à sa nationalité, tout individu qui tient à sa propriété ou au bonheur de ses enfants, doit contribuer à repousser l'invasion des barbares. Oui, la guerre actuelle est la plus sainte des croisades, et, lorsque nous allons combattre pour le salut de tous, nous avons le droit de marquer d'infamie la porte de celui qui reste dans sa maison.

Que l'on me permette de me citer moi-même, et de montrer comment, en 1846, dans un article sur la politique européenne (1), j'exaltais d'abord Napoléon pour avoir résisté à la Russie, sans me douter assurément que son neveu serait appelé à continuer cette sage politique.

« Charlemagne, en sa vieillesse, apprenant les dévastations de quelques pirates normands sur les côtes de la mer du Nord, fut saisi d'une triste pensée ; tandis que ceux qui l'entouraient ne voyaient que l'incendie de quelques chaumières et le massacre de quelques hommes, chose ordinaire en ce temps là, lui, avec la prévision qui fait seule les grands politiques, présagea un grand danger pour l'avenir de son empire : S'ils sont si osés de mon vivant, s'écria-t-il, que ne feront-ils pas après ma mort !

» Certes, on eût été mal venu de dire alors aux bourgeois de Paris de renforcer les murailles qui devaient tant de fois les sauver. Personne n'eût pu convaincre les riverains de la Seine, de la Somme, de la Loire, les habitants de toute la

____

(1) Essai sur la politique européenne ; *Revue indépendante*, 10 décembre 1846.

France enfin, que le moment était venu de faire des sacrifices pour le salut de la patrie; qu'il fallait construire des
flottes, armer des soldats, occuper toutes les positions d'où
l'on pourrait arrêter et tarir à leur source ces invasions
naissantes. Depuis quatre siècles bientôt le Nord avait cessé
de vomir sur l'Occident ses hordes barbares. Ce nouvel ennemi semblait bien méprisable, et l'on conçoit que Charlemagne, lui seul, ait pu prévoir l'effroyable fléau qui pendant si long-temps a désolé la France.

» Mais de nos jours, quand une invasion semblable nous menace; quand depuis un siècle et demi elle s'avance en grondant sans cesse; quand elle a préludé par tant de guerres
dans tous les pays de l'Europe; alors que Paris l'a déjà vue
deux fois, et surtout quand le Charlemagne moderne, dans
sa vieillesse et sa déchéance, nous a légué cet avis : *Dans
peu l'Europe sera cosaque ou république,* que penser de nos
hommes d'état, qui ne savent rien prévoir, rien prévenir,
rien préparer ?

» Et d'abord quel chemin suivra cette avalanche russe ?
Comment la conjurer ? Sur quel point l'arrêter ?

» Écoutez encore Napoléon : « J'aurais pu, dit-il, m'entendre avec Alexandre et partager l'Europe ; mais je n'ai jamais
voulu lui abandonner Constantinople. » Oui, Constantinople,
voilà la clef de l'indépendance européenne ! voilà l'objectif
de toute stratégie militaire et politique ! voilà la position
que Napoléon n'a jamais voulu céder à Alexandre. Vainement, comme le démon tentateur, le czar lui offrait des
royaumes ; vainement il lui proposait plus encore, une alliance qui devait inévitablement mettre à ses pieds l'Angleterre, son implacable ennemie. Napoléon refusa tout, et ne
voulut sacrifier l'avenir de l'Europe ni à son ambition, ni à
sa trop juste vengeance, ni même à sa propre défense.
Plutôt que d'exposer la civilisation, il a préféré succomber
et aller, prisonnier de l'Angleterre, mourir sur un rocher.

Comment les historiens n'ont-ils pas signalé ce trait qui explique et justifie le respect et l'admiration dont l'Europe entière, l'Angleterre comme l'Allemagne, entoure sa mémoire? C'est que lui aussi, transporté sur la montagne, a résisté à la tentation.

» Et quelle tentation pourtant pour un homme, pour un monarque !

» Tentation non d'une heure, non d'un jour, mais de plusieurs annés! A Austerlitz, à Tilsitt, en 1812, en 1815, douze années durant, il n'a eu qu'à dire à la Russie : Soit, je consens, pour voir ses ennemis abattus. Un mot, un seul mot, et toute l'Europe civilisée était à lui, et l'Angleterre, sa fière et implacable rivale, était à ses pieds. Et ce mot, il n'a jamais voulu le dire !»

Je voudrais pouvoir répéter également les paroles par lesquelles, après la chute de la Pologne, j'annonçai avec douleur au duc d'Orléans que le roi son père avait perdu l'immense popularité qui l'avait accueilli en 1830. Que l'on compare maintenant l'influence qu'ont eue sur les événements des conduites si différentes. Le roi Louis-Philippe, après dix–huit années pendant lesquelles il a mené les affaires à sa guise, fuit devant une émeute sans motif et sans but, et l'héritier de Napoléon est acclamé par sept millions de suffrages. C'est que Napoléon a jusqu'à la fin maintenu sur ses canons la devise *ultima ratio regum*, et que le roi Louis-Philippe, après l'avoir effacée de ses canons, a dû l'inscrire sur un fiacre. Aussi avons nous vu naguère ses fils mêmes accuser sa mémoire en désertant ses principes.

Songez-y donc, grands et petits souverains, et demandez-vous si l'exemple de Napoléon ne vous impose pas des devoirs. Qu'aucun de vous surtout ne réponde : Je ne suis pas un Napoléon : car à côté du héros il y a le brave, et, si tous ne peuvent cueillir la palme du martyre ; tous peuvent du moins rester fidèles et ne pas déserter leur propre cause.

Les rois s'en vont, dit-on depuis soixante ans; mais sait-on pourquoi les rois s'en vont? c'est que les héros sont partis! Jadis tout roi était chevalier, tout prince se croyait obligé d'acquérir de la gloire, tout gentilhomme cherchait les aventures, allait combattre là où il y avait des coups à donner et à recevoir et un nom à acquérir. Depuis, la philosophie et l'humanité ont bien pu analyser la gloire des armes et la réduire à de plus justes proportions, mais elles n'ont rien pu inventer encore pour la remplacer. Rien n'impose à l'esprit des peuples comme la gloire militaire, comme un cœur brave et un caractère décidé. Vainement dit-on que notre siècle est mercantile et ne songe qu'à gagner de l'argent. Il est bien vrai que depuis quarante ans toutes les nations, hormis la Russie, ont renoncé aux conquêtes, mais elles n'ont renoncé ni à l'honneur ni à la gloire. Voyez comme la France a pris en haine les Bourbons ramenés par les armées étrangères; comme elle a flétri les concessions que son souverain faisait aux exigences de l'Angleterre; comme elle s'est réveillée au nom de Napoléon; voyez comme le Piémont, malgré les malheurs que son roi a attirés sur lui, conserve le culte de Charles-Albert. Les peuples sont plus justes qu'on ne pense, ils ne disent pas à leurs souverains : Soyez toujours victorieux, soyez un grand général, soyez un héros! Ils leur disent : Soyez un grand cœur ou descendez du trône.

Veut-on un exemple plus frappant encore qui prouve que l'esprit mercantile n'étouffe pas l'amour de la gloire? Le peuple des États-Unis, le plus mercantile de tous, ne veut plus pour présidents que des généraux.

Que les gouvernants y songent donc et qu'ils voient que, s'ils veulent conserver cette considération, ce prestige qui fait leur force et leur vie, ils doivent porter haut et ferme leur drapeau national; ils doivent ne pas reculer devant une guerre juste et morale; ils doivent ne pas laisser à d'autres

le soin de combattre pour eux ; ils doivent défendre les principes qu'ils ont proclamés, la cause qu'ils ont adoptée, le
protocole qu'ils ont signé.

Nous disons une guerre juste, parceque nous avons fait
à cet égard un immense progrès. Jadis toute guerre était
bonne, mais notre siècle, plus moral et plus désintéressé à
l'égard des conquêtes, s'enquiert aujourd'hui des motifs de
guerre et réprouve toute trahison et toute iniquité. C'est encore un point qui, autant que l'énergie, importe à la considération des souverains.

Voilà pour les gouvernants. Mais les gouvernés ne doivent pas se croire désintéressés dans la question. Non seulement tous les hommes de cœur prennent leur part de la gloire
nationale et rougissent de honte en voyant leur patrie encou-
rir le mépris, mais ceux-là même qui, sans patriotisme et
sans cœur, ne demandent qu'une existence paisible ont encore besoin d'être protégés et défendus. Ils ont besoin de
l'être et contre les ennemis extérieurs, qui les rançonne-
raient et les dépouilleraient, surtout si c'étaient des Russes,
et contre les désordres de l'intérieur. Comment pour-
raient-ils l'être si le souverain est sans force, l'armée sans
confiance et sans direction ? Les événements de 1848 l'ont
trop prouvé, un bon gouvernement et une bonne armée sont
indispensables à la sécurité. On a vu par exemple de petits
princes qui, faute de gloire nationale, n'ont pu maintenir la
discipline parmi leurs troupes. Il en sera de même de tout
état qui, soit par son exiguité, soit par le défaut de patriotisme ou de courage de la nation, soit par la pusillanimité de
son gouvernement, ne saura pas maintenir sa dignité nationale et l'esprit militaire de son armée. Mais, si la guerre,
semblable à l'orage qui épure l'atmosphère, est souvent un
mal nécessaire pour régénérer les nations et rehausser les
gouvernements, elle est bien plus nécessaire encore lorsqu'il
s'agit d'une guerre pour le salut de tous. Alors ce n'est pas

seulement de la gloire qu'il faut acquérir, mais de la honte qu'il faut éviter.

Que tous y songent donc : car, dans la sainte croisade qui commence pour le salut de l'Europe, dans cette ligue que la civilisation européenne entreprend pour repousser les barbares, comme jadis la Grèce pour repousser le grand Roi, l'histoire enregistrera les efforts et les contingents de chaque peuple ; elle les inscrira sur son Parthénon, et ce sera en raison de ce que chacun aura fait que l'on sera désormais classé et compté dans l'amphictyonie européenne. Et, si des états, soit par leur infime dimension, soit par leur mauvais gouvernement, soit par manque d'énergie, venaient à déserter la cause commune, on aurait certes le droit de leur appliquer la loi de Solon qui condamnait à mort tout citoyen qui ne prenait pas les armes dans les troubles de la patrie. Chaque état, en effet, est citoyen de la république européenne, et celui qui est un citoyen inutile n'a le droit d'être ni protégé ni conservé, il n'est bon qu'à servir d'appoint et de compensation dans les remaniments de territoire que pourront nécessiter les événements.

Après ces considérations générales, nous allons passer à l'examen de la position particulière de chacune des puissances. Nous commencerons par les plus éloignées du théâtre de la guerre, car, ayant moins à redouter immédiatement, ce sont elles qui doivent naturellement s'engager les premières.

L'Espagne et le Portugal ont plus que tout autre des motifs pour s'allier à nous. D'abord, le traité de la quadruple-alliance n'a pas été rompu, et il les oblige positivement à nous prêter leur concours.

La quadruple-alliance a été conclue entre quatre états qui avaient à défendre leurs constitutions fondées sur la négation du principe de légitimité. Elle devait résister surtout aux influences et aux dangers dont la menaçait une autre alliance qui recevait les inspirations du czar : car celui-ci s'est toujours posé comme le champion de la légitimité et de l'absolutisme. C'est le levier avec lequel il compte disjoindre l'Europe et intervenir dans les démêlés de tous les états, comme le recommande Pierre par son testament. Il est bien évident que, si Nicolas triomphe, il enverra bientôt ses flottes et ses armées rétablir Don Carlos et Don Miguel, qui, affranchis du contrôle de leurs peuples, ne le seraient assurément pas de celui de leur protecteur. C'est donc pour leur existence que doivent combattre ces gouvernements, c'est pour leurs constitutions et leur indépendance que doivent combattre ces peuples ; c'est aussi pour leur religion, car l'exemple de la Pologne montre à tous que le czar déteste et persécute le catholicisme plus encore que l'islamisme (1).

Les traités existants, comme leur sécurité à venir, commandent à ces deux puissances de joindre leurs armes aux nôtres et de nous fournir des contingents. Nous ajouterons qu'il serait impolitique à elles de négliger cette occasion de retremper leurs armées, qui viendront probablement avec joie combattre à côté de nos soldats.

Si, de la péninsule Ibérique, nous passons à la péninsule Italique, nous trouvons d'abord le Piémont, qui n'ignore pas que sa constitution est un crime aux yeux du czar ; que son existence serait un trouble pour l'Autriche, si celle-ci restait à la discrétion de la Russie, comme il arriverait en cas d'insuccès de notre part. Il est même certain que la Russie, voulant s'arrondir aux dépens de l'Autriche, lui offrirait le Piémont en compensation de la Gallicie. Cet état ne peut évidemment subsister qu'autant que la France et l'Angleterre

---

(1) Pendant que cet écrit est sous presse, on annonce que des agents russes cherchent à réveiller en Portugal le parti miguéliste. Encore que nous ayons peine à croire à des efforts aussi intempestifs, le seul bruit de cette nouvelle, vraie ou fausse, démontre assez le danger que nous signalons.

sortiront victorieuses de la lutte. Le Piémont, d'ailleurs, s'est trop relevé depuis quelques années dans son estime et dans celle de l'Europe pour n'être pas désireux de prendre sa part des sacrifices et des dangers, plutôt que de rester dans une honteuse neutralité.

Le Pape n'ignore pas que le catholicisme a été la première cause de la querelle. C'est pour Rome que la France réclamait la clef des Lieux-Saints. C'est pour Rome que le débat s'est engagé. Rome ne doit-elle donc pas, comme jadis, participer à cette nouvelle croisade, où il s'agit encore de la possession du tombeau du Christ?

Le roi de Naples et le duc de Toscane savent bien aussi que la Russie, maîtresse de l'une des rives de l'Adriatique, aurait bien vite envahi l'autre rive, et le roi des Deux-Siciles, si jaloux de rétablir l'honneur de ses armées, ne peut laisser échapper une si belle occasion de faire figurer ses troupes dans cette grande lutte européenne.

La Suisse, jusqu'à présent, a eu pour principe de garder la neutralité dans les débats de ses voisins; mais il ne s'agit pas aujourd'hui de débats, il s'agit de l'existence de l'Europe. Elle a pu voir, d'ailleurs, combien ce rôle était difficile à maintenir. Dans ces dernières années surtout, elle a pu reconnaître que son indépendance était complétement soumise à l'équilibre européen, et que, cet équilibre une fois rompu, elle devrait subir le joug d'un voisin trop redoutable pour elle. Il est donc de l'honneur comme de l'intérêt de la Suisse de s'engager résolument dans la querelle et de fournir à nos armées un contingent qui prouvera sa ferme volonté de s'opposer à l'ambition moscovite.

Quant à la Grèce, le bon sens devait la ranger au nombre de nos alliés : car il était évident que la Russie, maîtresse de Constantinople, ne tarderait pas à absorber ce petit état, qui, même en paix, n'a pu subsister que grâce à l'énorme subside de soixante millions que nous lui avons octroyé. Les déclarations de Nicolas à sir H. Seymour ont d'ailleurs prouvé à quel point ses intentions étaient peu bienveillantes à l'égard de ce royaume, qu'il est parfaitement décidé à ne pas agrandir. Mais l'ambition des individus et la passion des peuples ne calculent pas plus que la vanité de certains petits souverains, et la Grèce a commencé la guerre contre la Turquie. Il semblerait donc qu'acceptant ce nouvel ennemi, nous devons faire la guerre à la Grèce ; mais l'humanité, la pitié, peuvent nous conseiller de ne pas exterminer une nation que nous avons édifiée de nos mains. Ne suffirait-il pas de sommer le gouvernement grec d'avoir à nous payer les sommes qu'il nous doit ? puis, faute par lui de le faire, nous saisirions toute la partie de son avoir qui serait à notre convenance. Débarquant sur chacune des côtes de la Thessalie quatre ou cinq mille hommes des troupes qui se rendent en Orient, on les joindrait aux troupes ottomanes, et on refoulerait dans la Morée non seulement les insurgés, mais toute la population, y compris celle d'Athènes. Il suffirait alors de fermer l'isthme au moyen d'une ligne de fortins réunis par un rempart pour tenir les Grecs renfermés. Pendant ce temps, des bâtiments visiteraient soigneusement les côtes du Péloponèse pour enlever tous les navires et jusqu'aux moindres canots, et l'on soumettrait cette contrée au blocus le plus rigoureux, interdisant à tout bâtiment d'y aborder. Ce serait tout simplement une contrainte par corps, une détention pour dette, à laquelle nous condamnerions notre débiteur pendant la durée de la guerre, afin de le mettre hors d'état de nous nuire. Si l'on n'emploie pas ce moyen, si on laisse les Grecs en Thessalie, ils recommenceront la guerre de brigandage et de piraterie qu'ils ont pratiquée si long-temps au nom de la religion, et dans laquelle ils sont fort habiles. Les Turcs éprouveront des pertes considérables et seront obligés d'avoir toujours des troupes nombreuses pour les surveiller.

Si du sud nous portons nos regards vers le nord, nous trouvons d'abord la Belgique, qui doit comprendre que cette indépendance que nous lui conservons bien volontiers ne peut pourtant subsister qu'à la condition d'en accepter les charges ; que la première charge d'un état indépendant, c'est de concourir à sa propre défense.

Vainement voudrait-elle invoquer ces bizarres traités par lesquels on a stipulé sa neutralité en cas de guerre ; ces stipulations, qui n'avaient d'autre but que d'enlever à Louis-Philippe son alliée naturelle, devaient évidemment tomber au premier coup de canon. Si les Belges veulent rester une nation indépendante, il faut qu'ils fassent acte de virilité ; s'ils se conduisent comme des femmes, on les mariera à l'un de leurs voisins.

Ce que nous avons dit de la Belgique peut également s'appliquer à la Hollande. Nous rendons certes toute justice à l'ancienne gloire et aux vertus actuelles de cette petite nation ; mais il ne suffit pas d'avoir été, il ne faut pas cesser d'être. La Hollande a, d'ailleurs, un sujet d'inquiétude de plus que nous : c'est la conservation de ses colonies des Indes orientales. Il est évident que, si la Russie s'empare des Indes anglaises, elle ne tardera pas à conquérir les possessions hollandaises.

La question est d'une importance bien plus grande pour la Suède et le Danemarck. La Suède a d'abord une récente injure à venger ; elle a à reconquérir la Finlande, cette province que lui a enlevée son redoutable voisin, qui a encore montré par là que ce grand empire des Slaves ne dédaigne pas de conquérir des peuples issus d'un autre sang. Mais les dangers de l'avenir doivent exciter encore bien plus sa sollicitude que les affronts passés n'excitent son ressentiment. Il n'est pas un ami de la paix qui puisse nier que la Russie, une fois maîtresse des Dardanelles, voudra conquérir le Sund. Ce détroit est aussi une clef de son empire, et ce ne sera pas au profit de provinces reculées et encore inhabitées qu'elle sera poussée à cette conquête, ce sera dans l'intérêt de sa capitale et des riches provinces de la Baltique.

La possession de la Suède et du Danemarck est un besoin tout aussi pressant pour la Russie que celle de la Turquie; leur absorption est un point parfaitement arrêté, car on sait que c'est plus encore par ses flottes que par ses armées que cet empire veut étendre ses conquêtes. On comprend l'apparente neutralité armée sous laquelle le Danemarck et la Suède ont d'abord caché leurs préparatifs : cette neutralité était de la prudence tant que nous n'avions pas dans la Baltique une flotte pour les protéger. Mais aujourd'hui que cette flotte les assure contre tout danger, que cette flotte va probablement aider les opérations de soixante mille hommes de troupes agissant sur tous les points du littoral russe, alors que ces puissances vont entendre nos canons combattre pour elles, on ne saurait comprendre qu'elles persistent dans une neutralité dont la Russie ne leur saurait aucun gré, et qui les exposerait au mépris et à tous les ressentiments de l'Europe.

L'alliance de ces deux états est pour nous d'un haut intérêt. Leurs ports nous assureraient une excellente base d'opérations, et leurs troupes sont pour ainsi dire toutes portées sur le théâtre de la guerre, car elles peuvent en vingt-quatre heures être en Finlande ou dans le golfe de Bothnie.

Il y a enfin les puissances secondaires de l'Allemagne qui peuvent fournir des contingents : le Hanovre, par exemple, qui a toujours été l'objet de la convoitise de la Prusse, et qui serait absorbé par elle sans la protection de l'Angleterre, a besoin de faire acte de vigueur et ne peut nous refuser son contingent. On vient de voir dernièrement, par le discours du roi, combien sa position est embarrassée et en quels termes ambigus il cherche à expliquer sa neutralité dans une guerre qui doit, il le reconnaît, décider du salut de l'Europe.

On voit donc que c'est à tort que l'opinion publique néglige les puissances de second ordre, car celles que nous venons d'énumérer peuvent nous fournir cent mille hommes, et cent mille hommes transportés par mer, menaçant toutes les côtes de la Russie, doivent tenir plus de deux cent mille Russes en échec.

Voyons maintenant ce que nous avons à craindre ou à espérer de l'Autriche et de la Prusse.

Beaucoup d'esprits timides se sont figuré et pensent même encore que ces puissances pourraient s'allier à la Russie et se tourner contre nous. Cette crainte est bien vaine : il suffit de regarder une carte d'Europe, de lire l'histoire du dernier siècle, pour voir que, comme l'a si bien dit M. de Bonin, ce serait de leur part un véritable suicide. La Russie victorieuse réclamerait d'abord le duché de Posen et la moitié de la Silésie au nom du Panslavisme ; puis, comme pour faire une rade de la Baltique, elle aurait besoin de la Prusse, qui ne forme qu'une lisière entre la Pologne et la mer, elle ne tarderait pas à envahir ce royaume, qui est bien moins en état de lui résister que la Turquie : car, loin d'être comme celle-ci protégée par la configuration du terrain, cette configuration lui est toute défavorable vis-à-vis d'une puissance qui l'attaquerait en même temps par terre et par mer.

L'Autriche serait également à la merci de la Russie dès que celle-ci aurait occupé l'empire Ottoman. Déjà ses provinces sont travaillées au nom de la religion grecque et du Panslavisme. Les Roumans de la Transylvanie voudraient aussi être réunis à leurs frères. Les Hongrois se donneraient à la Russie comme ils se sont jadis donnés aux Turcs, pour échapper à la maison d'Autriche. Ils auraient grand tort assurément, car ce serait accepter un esclavage éternel et bien plus dur encore ; mais le ressentiment ne calcule pas. L'Autriche ne pourrait donc compter pour sa défense que sur trois ou quatre millions d'Allemands. Tout cela est parfaitement connu à Vienne mieux qu'à Paris ; aussi le cabinet autrichien n'a-t-il jamais songé à s'allier à la Russie contre nous.

Sans doute les liens de parenté qui unissent le roi de Prusse au czar, comme la reconnaissance que l'Autriche devait à celui-ci pour l'assistance qu'elle en a reçue dans la guerre de Hongrie, pouvaient exercer une grande influence sur ces deux cabinets ; mais l'amitié ni la reconnaissance ne peuvent aller jusqu'au suicide, et les révélations de sir H. Seymour ont dû singulièrement refroidir ces sentiments. La Prusse a vu avec quel mépris la traitait l'empereur Nicolas, affectant de ne la compter absolument pour rien. L'Autriche sait maintenant que, si on lui a prêté assistance, ce n'était pas avec désintéressement, que le czar la considérait comme lui étant complètement inféodée, et parlait en son nom sans l'avoir consultée. Il était donc certain que nous n'avions rien à redouter de l'hostilité de ces deux puissances. Les mêmes esprits craintifs, impatients d'avoir des alliés, se sont ensuite imaginé que ces deux états allaient déclarer la guerre même avant nous. C'était encore une erreur. Il y a vingt-cinq ans que je l'ai dit, nous aurons les sympathies de l'Autriche et de la Prusse, mais c'est à nous, en raison de notre position géographique, à nous prononcer et à nous engager les premiers. Si la Prusse se fût déclarée il y a deux mois, comme on le voulait, ses troupes n'étant pas sous les armes, et la Russie devant avoir cent mille hommes en Pologne, elle pouvait être envahie.

La diplomatie s'est figuré que ses temporisations et sa modération amèneraient les puissances allemandes à se prononcer pour nous ; c'est au contraire notre énergie, nos efforts et nos succès qui les amèneront à nous donner leur coopération : d'abord parcequ'elles ne craindront plus d'avoir à supporter tout le poids de la guerre, puis parceque le canon grondant sur leurs frontières excitera leur émulation et leur ardeur belliqueuse.

Ces considérations sont générales, elles sont de tous les temps, et elles doivent finir par triompher. Mais nous devons aussi examiner l'attitude que viennent de prendre ces deux puissances par leur récent traité, en chercher les motifs et tâcher d'en prévoir les conséquences.

L'Autriche et la Prusse viennent, dit-on, de signer un traité d'alliance offensive et défensive, se garantissant réciproquement leurs états, même non allemands. De plus, il y serait stipulé que, si l'Autriche fait agir ses troupes, l'armée Prussienne devra occuper ses provinces.

Voyons d'abord cette dernière clause, qui semble bien singulière: car on n'a pas stipulé la réciprocité; et pourtant, si les deux puissances font la guerre à la Russie, la Prusse doit employer son armée à attaquer de son côté, au lieu de l'envoyer en Gallicie et en Hongrie, et ses provinces, en cas d'insuccès, auraient autant besoin de protection que celles de l'Autriche. Il est probable que cette clause est motivée par les craintes que la nation hongroise inspire au cabinet de Vienne. L'armée autrichienne comptant un grand nombre de Hongrois dans ses rangs, on n'ose pas, il paraît, se fier à elle pour réprimer un mouvement, et l'on est bien aise de remplacer l'action des armées Russes par celle des armées Prussiennes.

Nous dirons d'abord au cabinet de Vienne que c'est une bien triste situation que celle d'un gouvernement qui redoute ses sujets et ne peut disposer de ses armées sans appeler des garnisons étrangères. C'est en amis, en qualité d'alliés futurs, que nous l'engageons à accorder une amnistie complète, à rendre tous les biens confisqués et à rétablir la constitution hongroise, sauf à en étendre les bienfaits aux autres états de la monarchie. Mais ses craintes pour le cas où elle ferait la guerre à la Russie nous semblent mal fondées. Ce n'est pas seulement la prudence et l'amour de leurs libertés qui doivent interdire aux Hongrois de se soulever dans ce cas et d'appeler les armées Russes à leur aide , c'est un sentiment plus noble , c'est la reconnaissance. Les réfugiés Hongrois savent bien que c'est à la généreuse protection de la Turquie qu'ils doivent la liberté et même la vie. Ils n'ignorent pas qu'il a fallu de la part du sultan un véritable héroïsme pour résister aux exigences de ses redoutables voisins. Ils savent que cette résistance a beaucoup contribué à augmenter la haine du czar, et par conséquent à faire naître la guerre actuelle. Ils ne pourraient donc, sans la plus noire ingratitude, s'allier à l'ennemi du sultan et faire la guerre à leur sauveur. Vainement dirait-on que le peuple ignore cette dette. Le peuple, ou du moins le parti exalté, est, assure-t-on, dans les mains de Kossuth , et n'agit que d'après ses ordres et ses inspirations. Kossuth et les émigrés seraient donc responsables d'un semblable mouvement, et rien assurément n'annonce qu'ils soient ingrats.

L'Autriche peut donc, ce nous semble, s'affranchir de toute crainte à cet égard et unir ses armes aux nôtres. Mais, il faut le dire, la position de ses armées sur le Danube plutôt que dans la Transylvanie et la Gallicie, où elles seraient bien mieux à même de couper l'armée russe , en même temps que ses fréquentes propositions d'occuper la Servie, la Bosnie ou le Monténégro, si ces provinces se soulèvent, tout cela annonce une attitude défensive , désireuse de faire juste ce qui est nécessaire pour maintenir le *statu quo*, pour empêcher l'envahissement de la Turquie ou la révolte des provinces, plutôt que l'intention de s'unir à nous pour pousser vigoureusement la guerre. L'évacuation des Russes de la petite Valachie, d'après les ordres récents de Paskewitch, semble également confirmer cette opinion. Quant à la clause de garantie réciproque de leurs états, encore bien qu'elle soit la première condition de toute alliance offensive et défensive, les possessions de ces puissances nous semblent si peu menacées qu'il pourrait bien y avoir une arrière-pensée relative au rétablissement possible de la Pologne et aux provinces polonaises qu'elles possèdent. Il faut donc nous expliquer à cet égard un peu plus franchement qu'on ne l'a fait jusqu'à présent. N'ayant aucun rapport avec les hommes d'état, nous ne pouvons compromettre aucune politique; notre seul but est de poser les questions et d'éclairer l'opinion publique.

Il faut d'abord bien reconnaître un fait : c'est que la guerre actuelle est une guerre à mort entre la Russie et l'Europe. Rien ne serait plus dangereux que de se faire illusion à cet égard. Napoléon Ier n'a succombé dans les guerres d'Espagne et de Russie que parcequ'il ne croyait pas à la guerre. Le czar ne cèdera pas : d'abord parce qu'étant czar et autocrate, céder ce serait compromettre son infaillibilité; il ne cèdera pas, parcequ'il a un grand cœur et commande à un grand peuple; il ne cèdera pas, enfin, parcequ'il a pour lui le glorieux souvenir de 1812. Alors la Russie a vu toute l'Europe contre elle; elle nous a vus au cœur de son empire; elle nous a vus dans sa capitale, et elle a de ses mains brûlé Moscou plutôt que de nous le livrer! Cet acte d'héroïsme a été couronné des plus brillants succès; la Russie a rallié toute l'Europe à sa cause, et elle est venue deux fois à Paris, que nous n'avons su ni défendre ni brûler.

Et l'on croirait que celui qui a reçu de son frère l'héritage d'une telle gloire va poser les armes, évacuer les provinces danubiennes et reconnaître ses torts! Non, jamais. Il ne faut pas se faire illusion à cet égard. Parviendrions-nous à brûler ses flottes et ses ports, à ruiner ses arsenaux, à envahir ses provinces, il ne cèdera pas.

Et nous, la France et l'Angleterre réunies, nous contenterions-nous d'une semblable paix, du rétablissement d'un *statu quo* plein de dangers, sans même faire payer à la Russie les frais de la guerre? Mais ce serait une honte que deux grands gouvernements ne peuvent accepter. On connaît l'énergie de l'Angleterre, on connaît mieux encore celle de l'Empereur Napoléon, et l'on doit savoir que, plus il a été long à se décider à la guerre, plus il sera ferme et constant dans sa volonté. C'est donc vainement que l'Autriche et la Prusse se flatteraient que leur intervention modérée pourra rétablir la paix; la paix est impossible tant que l'empereur Nicolas sera sur le trône, à moins qu'il ne vienne encore à Paris l'imposer, non plus seulement à la France, mais à toute l'Europe.

Si donc c'est une guerre à outrance, si l'exemple de Charles XII et de Napoléon nous montre qu'il est inutile et dangereux de s'avancer avec une grande armée au cœur de la Russie, quels sont donc les moyens d'action que nous avons contre elle? Nous n'en avons qu'un : c'est d'agir tout d'abord conformément au but que nous devons nous proposer.

Depuis quarante ans, l'équilibre européen n'existe plus; depuis quarante ans, une puissance, par sa prépondérance et par ses instincts envahisseurs, tient toute l'Europe en haleine et condamne toutes les autres à entretenir des armements ruineux. L'Europe, en acceptant le *væ victis*, doit avoir pour but de rétablir l'équilibre européen et de réduire la Russie à des proportions plus modestes. Il faut donc la diviser, lui enlever de vastes provinces. Ces provinces, quelles seraient-elles? La Géorgie et le Caucase satisfont ses vues ambitieuses, mais n'ont, jusqu'à présent, rien ajouté à sa puissance; au contraire. La Crimée est un pays désert; elle n'a d'importance que par Sébastopol, Nicolaïef et Odessa. La Russie, en perdant ces ports, en cessant d'être une puissance maritime, porterait tous ses efforts sur les armées de terre, et n'en serait que plus redoutable pour l'Europe, pour l'Allemagne surtout. La Bessarabie a peu d'importance, et la Finlande ne compte guère plus d'un million d'habitants. Il y aurait une autre difficulté à l'égard de cette province. Qu'en faire? La rendre à la Suède? Mais la Suède voudrait-elle d'une province difficile à garder contre un voisin aussi puissant que serait encore la Russie? Toutes ces provinces réunies ne font pas cinq millions d'âmes, et il lui en resterait plus de soixante. Il est donc de toute nécessité de reprendre la Pologne russe et de la rétablir comme puissance indépendante, en y joignant la Courlande, la Livonie et l'Esthonie. C'est en enlevant à la Russie toutes ses conquêtes, c'est en reconstituant les états qu'elle a absorbés, qu'on pourra la réduire à n'être plus qu'une puissance de premier ordre.

Le rétablissement de la Pologne est donc, il faut le reconnaître, une nécessité de la guerre, comme son soulèvement est un de nos plus grands moyens d'action. Ce point de vue n'a assurément pas échappé aux puissances allemandes, qui se sont demandé ce que deviendraient, dans ce cas, la Gallicie et le duché de Posen. Et c'est sans doute dans la crainte de perdre ces provinces qu'elles se sont alliées et qu'elles se sont garanti leurs possessions. C'est en vue de ce danger qu'elles se flattent vainement de l'espoir de maintenir le *statu quo*.

Il y a assurément là une difficulté, mais les difficultés sont presque toujours résolues quand on les aborde franchement; et il est probable que les diplomates de France et d'Angleterre ne manqueront ni de franchise ni de résolution.

Le rétablissement du royaume de Pologne, agrandi de la portion dont la Russie s'était emparée lors du premier partage et des provinces de la Baltique, nécessiterait-il la cession par l'Autriche et la Prusse de la Gallicie et du duché de Posen? Nous ne voyons assurément pas que ce soit là une nécessité. Il y a 80 ans que ces provinces leur appartiennent, elles ont pu se les assimiler. L'établissement du duché de Varsovie, puis du royaume de Pologne, les avait laissées dans leurs mains ; elles pourraient donc, à plus forte raison, y rester encore. Ce ne seraient assurément pas leurs alliés de France et d'Angleterre qui auraient la prétention de les leur enlever, lorsque l'on rétablirait d'un commun accord le royaume de Pologne. Ce serait à ces gouvernements de voir si l'esprit de race y est resté assez vivace, s'il existe assez d'antipathie entre les Polonais et les Allemands, pour qu'il y ait des inconvénients à garder ces provinces. Ils seraient les seuls juges de la question. S'ils trouvaient un danger ou un inconvénient à garder des provinces polonaises à côté d'une Pologne indépendante, s'ils ne voulaient pas les conserver, ils seraient d'abord amplement dédommagés par une unité nationale plus compacte, et surtout par la sécurité que leur donneraient l'affaiblissement de la Russie et l'éloignement de leurs frontières d'une puissance qui, depuis quarante ans, les tient dans un état d'infériorité qui nuit à leur dignité et menace constamment leur existence. Qu'ils voient la France. Elle aussi avait fait des conquêtes ; elle aussi pouvait compter garder toujours et la rive du Rhin et la Savoie. Mais, quand ces conquêtes lui ont été enlevées, elle s'est sentie assez forte de son unité et de son courage pour ne pas désirer les reprendre. Ceux qui ont vu 1830, et qui à cette époque ont consulté l'opinion publique, témoigneront que la France regrettait son ancienne gloire, qu'elle aurait voulu se relever de ses défaites, s'affranchir des traités qui lui étaient odieux, parcequ'ils lui avaient été imposés, mais qu'elle ne désirait nullement s'agrandir. Ce que l'on reprochait aux Bourbons de la branche aînée, c'était l'opprobre de ces traités ; ce que l'on attendait de Louis-Philippe, c'était de les anéantir nominalement. L'amour-propre national se fût contenté de voir rétablir les fortifications d'Huningue, afin de pouvoir dire aux étrangers : « Les traités que vous m'avez imposés, je les déchire ; je suis maître chez moi. »

Si nous citons l'exemple de la France pour montrer qu'une nation peut perdre d'anciennes conquêtes sans en être affaiblie, ce n'est pas pour prétendre que l'on doive refuser toute compensation à l'Autriche et à la Prusse. Il n'est pas dans les habitudes de la diplomatie de céder gratuitement une ancienne conquête, alors même que l'on en serait récompensé par une plus grande sécurité. S'il leur convient donc de céder ces provinces, rien n'est plus facile que de les indemniser.

La Prusse comprend un grand nombre d'enclaves qui nuisent à son homogénéité. Rien ne serait plus simple que de lui donner à choisir les états qui sont le plus à sa convenance.

Cette manière de disposer des couronnes et des peuples peut sans doute paraître singulière ; mais sont-ce des couronnes, sont-ce des peuples, dont nous voudrions disposer ? La première médiatisation n'a-t-elle pas été faite à la satisfaction générale ? Ne reconnaît-on pas qu'elle aurait dû être poussée beaucoup plus loin, et que quarante états sont beaucoup trop pour l'Allemagne ? Cette confédération germanique, dans laquelle tous ces petits souverains jouent un si triste rôle, dans laquelle les peuples ne savent auquel entendre, auquel obéir, auquel s'adresser, de la Diète ou de leur prince, à qui donne-t-elle satisfaction ? A la seule Russie, qui a trouvé le moyen d'établir un antagonisme constant entre l'Autriche et la Prusse, afin d'intervenir dans les démêlés de l'Allemagne, comme elle a fait dans ceux de la Pologne. Quant à nous, Français, qui, sans craintes comme sans ambition, désirons une Allemagne forte et tranquille, capable de résister au czar et à l'anarchie, nous souhaitons à chaque peuple un seul souverain comptable de son bonheur.

D'un côté, on a vu que ces petits princes étaient complètement hors d'état de se défendre contre les désordres du socialisme ; et, de l'autre, tous les cœurs honnêtes ont gémi de voir la Hesse, si digne et si calme, obligée d'abaisser non seulement sa constitution, mais la morale publique, devant des troupes étrangères, et cela malgré les sympathies générales et malgré la Prusse, qui a dû souffrir cet affront.

Et, si la position des peuples est déplorable, celle des princes est-elle plus digne d'envie ? Qu'est-ce qu'un souverain, officier au service d'une autre puissance, recevant des ordres d'un ministre ou d'un général, pouvant être mis aux arrêts ou traduit devant un conseil de guerre ? La médiatisation des petits états serait donc une grande satisfaction pour les peuples ; on sait même qu'il en est d'une assez grande étendue qui désirent vivement être réunis à la Prusse. Quant aux princes, ceux qui ont réellement du cœur doivent supporter avec peine une position aussi fausse. Leurs domaines leur seraient d'ailleurs conservés et l'on pourrait leur offrir, quant au rang, une compensation plus que suffisante, en déclarant qu'ils font officiellement partie de la famille royale de Prusse, chaque branche étant classée en raison de l'importance de l'état dont elle abandonnerait la souveraineté. Ces avantages ne seraient pas imaginaires, quelque nombreuse que se trouvât par là cette famille de convention : car tous ceux qui en seraient membres auraient partout un rang élevé, tous pourraient prétendre aux alliances avec les grandes puissances.

Il est donc incontestable que la Prusse, maîtresse de garder le duché de Posen ou de recevoir en compensation des enclaves qui ont toujours fait l'objet d'une très légitime ambition, ne peut apporter aucun empêchement au rétablissement de la Pologne, surtout si elle considère que ce rétablissement est une véritable nécessité de la politique européenne.

Quant à l'Autriche, elle doit être également maîtresse de garder la Gallicie, si elle croit que le cœur de ses sujets lui soit affectionné, ou de la restituer, si elle a des doutes à cet égard, ou si elle veut reprendre l'excellente frontière des monts Krapaks.

Dans le cas où elle voudrait abandonner la Gallicie, la meilleure compensation que l'on puisse lui offrir serait la Valachie, la Moldavie, et peut-être une partie de la Bessarabie, l'autre étant réservée pour donner aux provinces méridionales de la Pologne un débouché dans la mer Noire.

Ces riches provinces, qui ne demandent que la paix et une bonne administration pour atteindre à un haut degré de prospérité, compenseraient, et bien au-delà, la cession de la Gallicie. Elles donneraient à l'Autriche un précieux débouché dans la mer Noire, et cet empire, se composant de la riche vallée du Danube, avec des ports sur deux mers, serait un des mieux configurés de l'Europe.

Les Roumans n'ont pas une nationalité assez vivace pour ne pas se trouver heureux de ce changement d'état; et ils ont d'ailleurs fait trop peu en vue de leur propre défense pour que l'on se croie obligé de maintenir leur semblant d'indépendance. Ils auraient du reste tout à gagner à n'avoir qu'un maître au lieu de trois.

Quant à la Turquie, nous avions jadis indiqué l'abandon des provinces danubiennes à l'Autriche comme le meilleur moyen de la couvrir contre les attaques de la Russie. Mais aujourd'hui, lorsqu'elle montre tant d'héroïsme et de force, il ne viendra à l'esprit de personne de lui imposer un sacrifice; ce ne peut donc être qu'un échange à sa convenance. L'Autriche pourrait d'abord lui céder la lisière des côtes qu'elle possède sur l'Adriatique. Ce territoire, qui n'a pas d'importance pour elle, en aurait beaucoup pour la Turquie, puisque ses provinces occidentales auraient sur la mer des débouchés utiles à leur commerce et à leurs communications avec l'Europe, qui leur serviraient pour progresser en civilisation. Comme nous supposons la guerre heureuse, on pourrait aussi donner au sultan toutes les possessions de la Russie en Géorgie et dans le Caucase ; les montagnes restant à Schamyl, qui relèverait du sultan comme suzerain. On pourrait même étendre cette principauté de Schamyl sur tout le territoire compris entre la mer d'Azof, le Don et le Volga. Enfin on pourrait rendre à la Turquie la Crimée. Cette province est surtout habitée par des Tartares musulmans, qui aimeraient mieux rentrer sous la domination du sultan que de rester sous celle du czar ; et, si la flotte russe était détruite, la marine Turque étant supérieure dans la mer Noire, il serait facile à la Turquie de garder cette province.

Nous nous résumerons donc en disant que la guerre actuelle est une guerre à outrance entre la Russie et l'Europe ; que vainement le roi de Prusse espère rétablir une paix impossible ; que l'Europe entière doit comprendre qu'il s'agit de son salut, et que toutes les puissances doivent concourir à la défense commune, en commençant par les plus occidentales ; que la Prusse et l'Autriche ont dû prudemment attendre que nous soyons en ligne ; que leur coopération, au point où en sont les choses, ne dépendra pas de notre modération, mais de notre énergie ; que le seul moyen comme le seul but de la guerre est de ronger la Russie sur toute sa circonférence, pour lui enlever ses conquêtes ; que le rétablissement de la Pologne, la plus importante de toutes, est aujourd'hui d'une absolue nécessité politique ; que ce rétablissement n'a rien qui puisse mécontenter les puissances allemandes, puisqu'elles peuvent, suivant leur volonté, ou garder leurs provinces Polonaises, ou recevoir des compensations.

Les choses ainsi posées, nous rappellerons à tous les souverains que la guerre est souvent salutaire ; que reculer devant elle déshonore et expose à de grands dangers. Nous dirons surtout au gouvernement prussien qu'il commande à une nation fière et belliqueuse; que depuis quarante ans son armée n'a pas fait la guerre, et qu'il encourrait le mépris de ses sujets s'il nous laissait combattre pour son salut, sans prendre sa part de sacrifices, de dangers et de gloire. Nous dirons à l'empereur d'Autriche et au roi de Prusse qu'ayant signé le protocole du 9 avril et approuvé les principes que défendent les nations occidentales, ils ne peuvent leur laisser et le poids de la guerre et le soin de la défense *des intérêts allemands*, qui ne diffèrent en rien de ceux de l'Europe.

3111. — Paris, imprimerie Guiraudet et Jouaust, rue Saint-Honoré, 338.

www.ingramcontent.com/pod-product-compliance
Lightning Source LLC
Chambersburg PA
CBHW061338050726
47595CB00005B/1977